CARN

MW01705926
[redacted] B.P. 279
L0J 1C0 [redacted] (Ontario)

Les arts martiaux

Gérard de La Taille

MILAN

Comment utiliser ton carnet

Ton carnet a été conçu pour que tu puisses t'en servir facilement : grâce à son petit format, tu peux le glisser dans ta poche ou dans ton sac, et l'avoir ainsi avec toi dans ta chambre, ou à l'entraînement.

10 CARNETS DU SPO

Rituels et grades

Le salut en taekwondo

Le salut n'existe que debout et s'effectue en 2 temp
La préparation au salut, Tcaryeut littéralement « ga
vous » ; en position bras le long du corps. Puis Kyo
« saluez » où l'on incline légèrement le buste.

Tcaryeut

Kyong Nie

Info plus
Réajuster la tenue se fait dos tourné on ne se présente de face pour saluer que dans une tenue correcte.

Les grades en taekwondo

Il n'existe pas de correspondance âge/grade. La ceint
noire n'est accessible qu'à partir de 16 ans. Jusque là
les professeurs organisent 2 passages de grades par a
Un niveau se nomme Keup et il y en a 15 qui sont au
matérialisés par la couleur de ceinture.

15ème keup	Ceinture blanche
14ème et 13ème keup	Ceinture jaune
12ème et 11ème keup	Ceinture orange
10ème et 9ème keup	Ceinture verte
8ème et 7ème keup	Ceinture violette
6ème, 5ème et 4ème keup	Ceinture bleue
3ème , 2ème et 1er keup	Ceinture rouge

Une barrette vient à chaque fois indiquer le passage au niveau supérieur quand il n'y a pas changement de couleur de ceinture.

HISTOIRE MATÉRIEL RÈGLE

Le rectangle situé en bas de page dont la couleur est la plus vive t'indique aussitôt dans quelle partie du carnet tu te trouves.

Sommaire

Ce carnet te permettra de pénétrer dans l'univers palpitant des arts martiaux. Tu vas y découvrir les règles fondamentales de ces sports qui privilégient avant tout la maîtrise de soi.

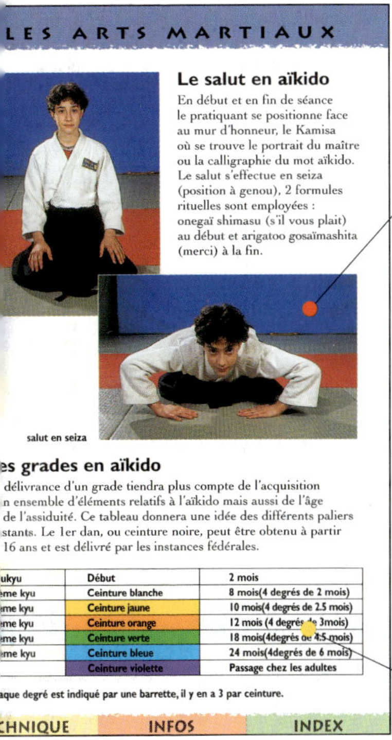

LES ARTS MARTIAUX

Le salut en aïkido

En début et en fin de séance le pratiquant se positionne face au mur d'honneur, le Kamisa où se trouve le portrait du maître ou la calligraphie du mot aïkido. Le salut s'effectue en seiza (position à genou), 2 formules rituelles sont employées : onegaï shimasu (s'il vous plait) au début et arigatoo gosaïmashita (merci) à la fin.

salut en seiza

es grades en aïkido

délivrance d'un grade tiendra plus compte de l'acquisition n ensemble d'éléments relatifs à l'aïkido mais aussi de l'âge de l'assiduité. Ce tableau donnera une idée des différents paliers stants. Le 1er dan, ou ceinture noire, peut être obtenu à partir 16 ans et est délivré par les instances fédérales.

ukyu	Début	2 mois
eme kyu	Ceinture blanche	8 mois(4 degrés de 2 mois)
eme kyu	Ceinture jaune	10 mois(4 degrés de 2.5 mois)
eme kyu	Ceinture orange	12 mois (4 degrés de 3mois)
eme kyu	Ceinture verte	18 mois(4degrés de 4.5 mois)
eme kyu	Ceinture bleue	24 mois(4degrés de 6 mois)
	Ceinture violette	Passage chez les adultes

aque degré est indiqué par une barrette, il y en a 3 par ceinture.

CHNIQUE INFOS INDEX

Les photographies te servent de support pour bien visualiser le geste technique.

Il te faudra apprendre aussi bien la technique individuelle que la stratégie des combats au sol ou debout.
Si tu parviens à combiner courage, contrôle de toi-même et entraînement régulier, tu seras, peut-être, un jour ceinture noire.
Tu sauras alors que la plus belle victoire, ce n'est pas de battre quelqu'un d'autre mais se battre, se dépasser soi-même.

Les encadrés te donnent des indications générales mais aussi des informations supplémentaires.

Un peu d'histoire

Le taekwondo, la voie du pied et du poing

Cet art martial vient de Corée, « le pays du Matin-Calme ». C'est sous le nom de « tae kyon » qu'il est adopté par de jeunes nobles en 600 apr. J.-C. ; en servant de ciment à une élite militaire, il permit l'unification de la Corée jusqu'alors divisée en 3 royaumes.

Idéogramme du taekwondo

Le xxe siècle

La Corée devient colonie japonaise en 1910, et l'occupant interdit cet art martial considéré comme étant trop porteur du sentiment national. En 1955, l'appellation « taekwondo » apparaît suite à l'unification des différentes écoles, et c'est en 1973 que la fédération mondiale de taekwondo est fondée à l'occasion des 1ers championnats du monde. Son siège est fixé à Séoul au Kukkiwon et le docteur Un Young Kim est nommé président.

En France et dans le monde

Le taekwondo, introduit en France dès 1967 par maître Lee Kwan Young, est discipline olympique depuis les Jeux de Sydney en 2000. On compte aujourd'hui 30 millions de pratiquants dans le monde.

Le siège de la fédération de taekwondo, à Séoul.

Maître Morihei Ueshiba.

Idéogramme de l'aïkido

L'aïkido, voie pour l'unification des énergies vitales

Maître Morihei Ueshiba est considéré comme le fondateur de l'aïkido actuel. Il construisit ainsi sa propre philosophie du budo (but des arts martiaux) qu'il commença à enseigner dès 1925, mais surtout lors de la création de son dojo à Tokyo, le Kobukai, en 1931. En 1946, les Américains interdisent la pratique de tous les arts martiaux au Japon ; toutefois, en 1948, l'aïkido est à nouveau autorisé, en raison de sa nature pacifiste. C'est à partir des années 50-60 que cet art se développe de par le monde.

En France

L'aïkido arrive chez nous en 1951 grâce à maître Minoru Moshizuki. D'autres maîtres de l'aïkikaï se succéderont pour l'y implanter. En 1983, est fondée la FFAAA qui favorise le développement de la discipline. On compte aujourd'hui environ 800 clubs et 25 000 pratiquants.

Le kung-fu venu de Chine

Le kung-fu est un art martial chinois. On peut adopter la traduction suivante : « l'homme accompli par la persévérance ». Ses origines remontent au Ve siècle après J.-C. ; ce serait un moine indien, Bodidharma, qui l'importa dans le célèbre temple de Shaolin. Il y enseigna des rudiments de boxe pour renforcer la discipline du corps et de l'esprit.

Idéogramme du kung-fu

Temple de Shaolin.

Son enseignement

Il est composé d'une multitude de styles. Beaucoup de mouvements sont analogues à ceux du karaté ; d'autres, visant à s'imprégner des qualités animales, intègrent la gestuelle des animaux : style du tigre (force et résistance), style du léopard (vitesse et puissance)…

Le kung-fu fait son cinéma

Dans les années 60, le kung-fu est popularisé en Occident par les films de Bruce Lee et c'est maître Hoang Nam qui l'implanta en France. De nos jours, il est sport national en Chine et concerne 100 millions de pratiquants dans le monde.

Bruce Lee.

L'historique du nihon taï-jitsu

Il signifie « techniques du corps » et est issu de l'art du combat à mains nues des samouraïs.

Blason du nihon taï-Jitsu

Un art moderne

Malgré sa lointaine origine japonaise, le nihon taï-jitsu est en fait de conception occidentale et il s'agit d'une méthode moderne de self-défense. C'est en 1956 qu'il fait son apparition.

Les débuts

Son fondateur est maître Roland Hernaez. Il pratique à ses débuts le judo, le ju-jitsu, le karaté et l'aïkido. De chacune de ces disciplines, il va retirer des mouvements traditionnels (frappes, projections, luxations…) puis leur apporter des transformations pour les adapter à la défense proprement dite. En 1977, le nihon taï-jitsu devient une discipline de la FFKAMA et, en 1985, est également reconnu au Japon.

Maître Roland Hernaez.

Le lieu de pratique et les tenues

Selon le pays d'origine, l'appellation varie, mais la signification est à peu près identique : c'est le lieu où l'on étudie la voie.

Nihon taï-jitsu

Le pantalon est noué et la veste croisée est maintenue par la ceinture. Seuls les professeurs ou les ceintures noires 2e dan et au-dessus peuvent porter une veste bleue à liseré rouge.

Parfois certains accessoires sont utilisés pour figurer des armes d'attaque.

Aïkido

Le hakama, sorte de jupe-pantalon très ample, se porte par-dessus un gi, mais seulement après 3 ou 4 ans de pratique assidue.

Chez les enfants, l'utilisation des armes est laissée à l'appréciation des professeurs.

Taekwondo

Le do bok se compose d'un pantalon élastique et d'une veste à col fermé ourlée d'un liseré. La couleur du liseré marque le niveau de pratique et a un rapport avec le grade.

La ceinture nouée à la taille marque le grade de façon plus adaptée pour les Occidentaux.

Liseré blanc pour les pratiquants de niveau keup, liseré rouge et noir pour les pratiquants de niveau poom, liseré noir pour les ceintures noires.

La tenue au kung-fu

Le pratiquant est vêtu d'un large pantalon et d'une veste boutonnée en soie noire (toutefois pour l'entraînement, on en trouve en mélange coton-polyester). La ceinture, toujours en soie, est large et mesure 3 m.

Les armes utilisées sont :
gun : bâton long de la taille de la personne ;
chu : lance ;
tao : sabre ;
chien : épée.

Attachez vos ceintures

On effectue un croisé derrière puis un croisé devant, on termine par un double nœud. Les pans sont ensuite repris par en dessous et viennent recouvrir l'attache. En Chine, le nœud est à gauche pour les hommes, à droite pour les femmes.

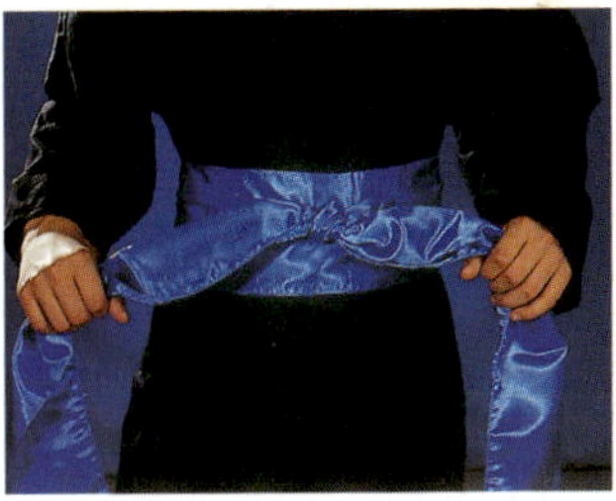

Les salles d'entraînement

Elles sont équipées de tatamis, plaques de mousse bâchées et accolées. Cela permet la pratique des projections. Le taekwondo et le kung-fu peuvent également se pratiquer sur du plancher.

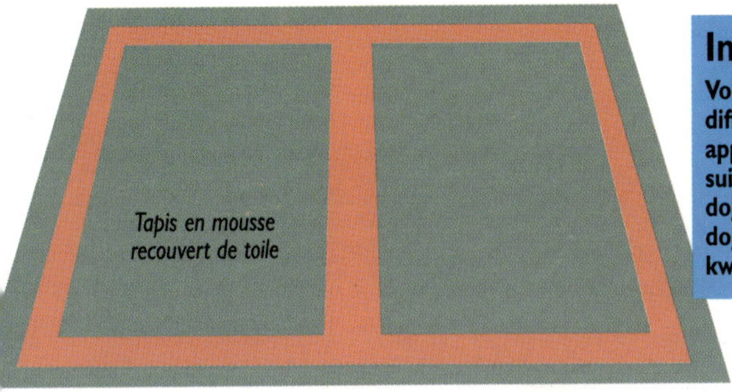

Info plus

Voici les différentes appellations suivant les pays : dojo au Japon, dojang en Corée, kwoon en Chine.

Rituels et grades

Le salut en taekwondo

Le salut n'existe que debout et s'effectue en 2 temps : la préparation au salut, tcaryeut, littéralement « garde-à-vous », en position bras le long du corps ; puis kyong nie « saluez », où l'on incline légèrement le buste.

Tcaryeut.

Kyong nie.

Info plus

Réajuster la tenue se fait dos tourné. On ne se présente de face pour saluer que dans une tenue correcte.

Les grades en taekwondo

Il n'existe pas de correspondance âge/grade. La ceinture noire n'est accessible qu'à partir de 16 ans. Jusque-là, les professeurs organisent 2 passages de grade par an. Un niveau se nomme keup et il y en a 15 qui sont aussi matérialisés par la couleur de ceinture.

15e keup	Ceinture blanche
14e et 13e keup	Ceinture jaune
12e et 11e keup	Ceinture orange
10e et 9e keup	Ceinture verte
8e et 7e keup	Ceinture violette
6e, 5e et 4e keup	Ceinture bleue
3e, 2e et 1er keup	Ceinture rouge

Une barrette vient à chaque fois indiquer le passage au niveau supérieur quand il n'y a pas changement de couleur de ceinture.

Le salut en aïkido

En début et en fin de séance, le pratiquant se positionne face au mur d'honneur, le kamisa, où se trouve le portrait du maître ou la calligraphie du mot aïkido. Le salut s'effectue en seiza (position à genoux), 2 formules rituelles sont employées : onegaï shimasu (s'il vous plaît) au début et arigatoo gosaïmashita (merci) à la fin.

Salut en seiza.

Les grades en aïkido

La délivrance d'un grade tiendra plus compte de l'acquisition d'un ensemble d'éléments relatifs à l'aïkido mais aussi de l'âge ou de l'assiduité. Ce tableau donnera une idée des différents paliers existants. Le 1er dan, ou ceinture noire, peut être obtenu à partir de 16 ans et est délivré par les instances fédérales.

Mukyu	Début	2 mois
6e kyu	Ceinture blanche	8 mois (4 degrés de 2 mois)
5e kyu	Ceinture jaune	10 mois (4 degrés de 2,5 mois)
4e kyu	Ceinture orange	12 mois (4 degrés de 3 mois)
3e kyu	Ceinture verte	18 mois (4 degrés de 4,5 mois)
2e kyu	Ceinture bleue	24 mois (4 degrés de 6 mois)
	Ceinture violette	Passage chez les adultes

Chaque degré est indiqué par une barrette ; il y en a 3 par ceinture.

Les différents grades en nihon taï-jitsu

En nihon taï-jitsu aussi, c'est la couleur de la ceinture qui va indiquer le changement de grade. Les dans se portent sous forme de barrettes rouges à l'extrémité de la ceinture. En principe, c'est l'enseignant qui organise librement le passage de grade au sein du club ; sauf pour l'obtention de la ceinture noire qui est réglementée et organisée par les instances fédérales.

Les saluts

On rencontre 2 types de saluts : debout et à genoux. Le salut debout se fait à partir de la position yoï (poings fermés) puis on s'incline mains ouvertes contre le corps, reï.

Ceinture blanche	6 ans
Ceinture jaune	6 ans à 7 ans
Ceinture orange	7 ans à 8 ans
Ceinture verte	8 ans à 9 ans
Ceinture bleue	9 ans à 11 ans
Ceinture marron	11 ans à 12 ans

Pour le salut à genoux, on descend le genou gauche le premier, les 2 mains sont posées au sol en forme de triangle, on se penche alors en avant. Puis on se relève en commençant par le genou droit.

Le salut en kung-fu

En kung-fu, le salut de base se caractérise par une légère inclinaison du buste alors que les mains sont jointes de façon à reproduire le symbole du yin et du yang. Il est effectué en début et fin de cours ainsi qu'en entrant ou en sortant du tapis ; il marque le respect.

Info plus

Il existe des saluts plus élaborés utilisés comme mise en condition psychique. Ils permettent de s'imprégner des qualités d'un animal avant la présentation d'un tao.

La ceinture noire

On peut être ceinture noire à 16 ans avec autorisation des parents obligatoire pour postuler à l'examen, ou bien à 18 ans. En outre, il faut attendre 2 ans minimum dans le grade précédent.

Les grades

Les grades s'obtiennent lors des passages de grade organisés annuellement. Pour changer de couleur de ceinture, il faut un an minimum, mais bien d'autres paramètres comptent, comme l'assiduité, la maîtrise du geste, l'assurance…

Ceinture blanche
Ceinture blanche + 1 barrette noire
Ceinture jaune
Ceinture bleue
Ceinture rouge
Ceinture violette

L'esprit des arts martiaux

Ce qui ressort, c'est l'esprit du budo, que l'on peut définir comme un art de vivre. Le point commun à tous ces arts martiaux, outre leur origine asiatique, réside dans leur forte imprégnation de spiritualité.

Le respect

La notion d'épanouissement de l'homme domine en tenant compte de sa dualité « corps et esprit ». La notion de respect y est prépondérante : respect des traditions, de la nature, d'autrui. Toutefois, malgré cette similitude, chaque discipline présente sa particularité qui est l'émergence de la philosophie propre à son maître fondateur.

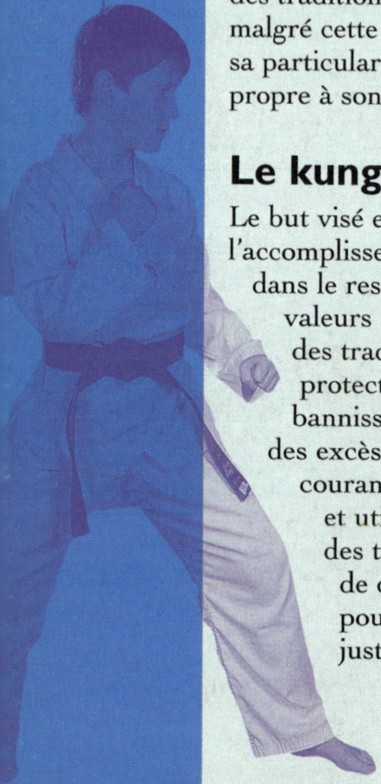

Le kung-fu

Le but visé est l'accomplissement de l'homme dans le respect de certaines valeurs : respect des traditions séculaires, protection des faibles, bannissement des excès de la vie courante et utilisation des techniques de combat pour une juste cause.

Le taekwondo

On peut résumer en disant que le dessein ultime de sa pratique est la réalisation de l'être vers une certaine sagesse – le maître mot sera alors la volonté, volonté du corps et de l'esprit afin de pouvoir accomplir le gros travail solitaire qui conduit à une progression.

L'aïkido

Il se caractérise par une vocation pacifiste très affirmée : pour Ueshiba, il ne s'agit pas de vaincre un adversaire par la force mais au contraire de garder la paix et d'améliorer les relations entre personnes en favorisant l'épanouissement de tous les êtres.

Le nihon taï-jitsu

De par sa conception moderne, il est l'art martial le moins empreint de spiritualité traditionnelle. Néanmoins il n'est pas entièrement dépourvu de valeur morale. Il bannit l'agressivité systématique et se veut une riposte juste, toujours proportionnée à l'attaque. Roland Hernaez le conçoit comme un moyen pouvant contribuer à l'harmonie et à la paix.

L'apprentissage du kung-fu

Il s'étudie au travers des taos dont on distingue plusieur sortes : le tao lu (tao à mains nues), le tao shu (tao ave armes traditionnelles) et enfin le tao combiné.

Les taos

Ce sont des enchaînements techniques codifiés simulant un combat imaginaire contre plusieurs adversaires ; le tao combiné se pratique à un stade plus avancé et consiste en un combat technique préréglé entre 1 ou 2 adversaires.

❶ Avance le pied gauche dans la direction avant, prends appui…

❷ … pour te détendre vers le haut en tournant de 180° vers la droite…

❸… et atterrir en position de ciseaux, en lançant les bras derrière (comme un oiseau écartant ses ailes).

❶ Dans cette position, pare des 2 mains en les ramenant circulairement en avant, coudes un peu fléchis.

❷ Sur place, pivote vers la droite, pour passer) en ma bo avec uppercut gauche et parade haute simultanée de la main droite derrière.

❸ Passage en loma, avec inversion des bras qui frappent et qui bloquent.

Le combat avec partenaire

Le tao étant un mode d'apprentissage des techniques, il se pratique seul. Il est aussi intéressant et nécessaire de le répéter en technique d'application combat, avec partenaire.

Technique d'application combat du tao fu hok sheong yin kuen

Les 2 pratiquants se saluent et se placent en garde.

❶ L'attaquant lance un coup de pied circulaire jambe arrière (aoti), le défenseur effectue un double blocage, bras arrière sur la cheville et bras avant au niveau du tibia, en position loma.

❷ L'attaquant réplique à nouveau par un coup de poing direct arrière au niveau du visage, le défenseur bloque par en dessous et arme son coup de poing.

❸ Enfin, il dévie la frappe de l'attaquant et donne un coup de poing de bas en haut au niveau du visage.

Voici maintenant une autre application technique, celle du tao lian tchuan qui sera décrit plus loin.

❶ Les partenaires sont en garde.

❷ L'attaquant écrase la garde du défenseur avec le bras avant.

❸ Le défenseur riposte en coup de poing avant au niveau du flanc. L'attaquant pare ce coup de poing et attaque avec le dessus du poing au niveau du visage.

❹ L'attaquant avance en ma bo et vient frapper en poing arrière au niveau du visage ; le défenseur esquive la frappe.

Tao lian tchuan

Voici maintenant détaillé le tao lian tchuan du style tehen tchuan, style long qui utilise des postures longues et des frappes étirées et circulaires.

❶ Départ debout, le poing droit le long du corps et le bras gauche armé devant toi. Ton regard se porte dans le sens où va se faire le déplacement.

❷ Frappe en coup de poing marteau du bras gauche et déplace-toi en gung bo.

❸ Ouvre la main avant, déplace-toi en ma bo et frappe avec le dessus du poing arrière au niveau du visage.

❶ En ma bo, poursuis la trajectoire de la frappe pour armer au niveau médian.

❷ Bloque avec la main gauche au niveau de la taille et déplace-toi en gung bo.

❸ Frappe avec le dessus du poing droit au niveau visage.

Le combat

Il se pratique en principe contre un adversaire. Il peut être préréglé, c'est-à-dire que les 2 pratiquants utilisent des techniques d'attaque et de défense déterminées. Mais on peut aussi utiliser toutes les techniques connues des 2 pratiquants sans aucune restriction : on parle alors de combat libre.

Les techniques du nihon taï-jitsu

L'apprentissage va être graduel, il ne s'agit pas de proposer d'emblée des techniques qui pourraient s'avérer dangereuses. Luxations et étranglements entreront dans la progression quand le pratiquant aura acquis une certaine maîtrise du geste et un contrôle de sa puissance d'action.

Défense et attaque

Le défenseur est appelé Tori (celui qui agit), l'attaquant est appelé Uke. Voici un enchaînement de 1er niveau, au programme de la préparation à l'obtention de la ceinture jaune, pour des enfants âgés de 6 à 7 ans.

Effacement extérieur avec parade du bras et renversement de Uke en accentuant son déséquilibre, une main de Tori à plat sur les reins (1re forme).

Avec crochetage de la jambe à l'extérieur, éventuellement suivi d'un atémi au sol (2e forme).

Technique fondamentale de projection

Elle entre dans le programme de préparation à la ceinture orange vers 7 à 8 ans.

Coup de pied direct avec la pointe du pied, mae geri, de la part de Uke.

Tori riposte par une parade intérieure avec l'avant-bras puis il saisit la jambe de Uke.

Tori termine en fauchant par l'intérieur derrière le genou. En même temps, le bras droit pousse le partenaire sur l'arrière.

Projection par balayage du pied

Voici une technique de niveau 3 pour l'obtention de la ceinture verte à l'âge de 8/9 ans.

❶ Uke attaque par un coup de poing au visage

❷ Tori sort de l'axe d'attaque en faisant une esquive extérieure du corps.

❸ Il saisit avec les 2 mains la manche de Uke.

❹ Le balayage s'effectue dans le sens de la marche de Uke ; Tori balaye derrière le talon en s'aidant énergiquement de ses 2 bras.

Défense contre saisies par l'arrière

Cette technique est accessible au niveau 4 pour la préparation à la ceinture bleue, entre 9 et 11 ans.

❶ Saisie des manches en tirant.

❷ Tori pivote par l'extérieur pour venir sur le côté.

❸ Puis il procède à un renversement vers l'arrière de façon à déséquilibrer Uke.

❹ Il termine en projection vers l'arrière ou par un atémi du poing au plexus.

La ceinture marron

Arrivé au 5e niveau on envisage le passage de la ceinture marron, le pratiquant peut alors avoir entre 11 et 12 ans.

1 Il va s'agir d'une défense contre un encerclement au niveau des coudes de Tori.

2 Tori dégage les bras l'un après l'autre après avoir créé un vide entre lui et l'attaquant en se penchant vers l'avant.

3 Pour finir, Tori fera un ramassement de la jambe de Uke entre ses jambes.

Clefs, étranglements et armes

Afin d'avoir un aperçu plus complet de la discipline, une présentation des clefs, étranglements et armes. Cet enseignement est possible dès 15 ans.

❶ Tori va se défendre sur une attaque latérale avec un bâton.

❷ Il effectue un effacement extérieur.

❸ Tori enroule avec son bras droit celui de Uke et saisit le col avec la main gauche.

❹ Tori termine en étranglement et clef de bras.

Info plus

Avec l'utilisation des armes, il est important de viser à désarmer l'attaquant : ce sera le premier objectif avant la riposte.

Les techniques du taekwondo

Les coups de pied (tchagui)

Kyeurougui joun bi sogui

❶ Position de préparation au combat. Le pied gauche est avancé.

❷ Monte le genou de face, jambe fléchie.

Ap tchagui

❸ Détends la jambe. Porte le coup avec le bol du pied (ap tchouk).

❹ Lance la jambe arrière tendue vers l'avant le plus haut possible contre l'épaule.

Nerio tchagui

❺ Redescends la jambe tendue. Porte le coup avec le talon (duit tchouk).

❶ Monte le genou vers l'avant.
Pivote le pied d'appui à 180°
et incline le buste vers l'arrière.

Dolyo tchagui

❷ Détends la jambe.
Porte le coup avec le dessus
du pied (bal deung).

❸ Tourne le dos à la cible et prends
appui à 180° vers l'arrière. Monte
le genou de la jambe arrière.

❹ Lance
la jambe
arrière
tendue
vers l'avant
le plus haut
possible
contre
l'épaule.

Les coups de pied sautés (tuio tchagui)

❶ Lance le genou de la jambe arrière vers l'avant et le haut.

Tuio ap tchagui

❷ Monte le genou de l'autre jambe par un mouvement de ciseau sauté et détends la jambe. Porte le coup avec le bol du pied (ap tchouk) avant de reposer les pieds.

❸ Prends une impulsion simultanée des 2 pieds. En l'air, tourne le dos à la cible.

Tuio mom dolyo fouryo tchagui

❹ Lance la jambe tendue vers la cible. Frappe avec le talon (duit tchouk).

❶ Tourne le dos vers la cible. Par une rotation du pied d'appui, ramène le genou de la jambe arrière vers l'avant, tout en gardant le pied levé.

Tuio dora tuio pandal tchagui

❷ Par un mouvement de ciseau de jambe sauté, lance la jambe d'appui vers la cible. Porte le coup avec le dessus du pied (bal deung).

❸ Lance le genou de la jambe arrière vers l'avant. Pendant le saut, tourne le dos à la cible et monte le genou sur la poitrine.

Tuio yop tchagui

❹ Détends la jambe et porte le coup avec le talon.

Les enchaînements de coups de pied

Tuio milo tchagui

Lance le genou de la jambe arrière vers l'avant.
Détends la jambe avant la réception.
Porte le coup avec le dessous du pied (bal ba dak).

Nerio tchagui

Après la réception, lance la jambe arrière tendue vers l'avant et le haut.
Frappe avec le talon en redescendant.

Tuio dora tuio tolio tchagui

Lève le genou de la jambe arrière et ramène-le vers l'avant par une rotation arrière. Par un mouvement de ciseau, lance la jambe d'appui vers la cible.
Porte le coup au niveau du visage avec le dessus du pied (bal deung).

Mom dolyo fou ryo tchagui

Tourne le dos à la cible et les appuis à 180°, incline le buste. Lance la jambe arrière tendue en décrivant un arc de cercle. Porte le coup au niveau du visage avec le talon (duit tchouk).

Attaques et blocages avec les bras

Joun bi sogui

❶ Position préparatoire aux techniques de base avec les bras.

Eulgoul makki

❸ Défense exécutée au niveau du visage.

Eulgoul balo jileugi

❷ Coup de poing exécuté au niveau du visage.

Application de la défense sur une attaque au niveau du visage.

L'enseignement de l'aïkido

Pratiquer l'aïkido, ce n'est pas seulement apprendre des techniques dans le but de se défendre, il faut considérer qu'il s'agit d'un engagement sur une voie. Cela implique un souci permanent de perfectionnement : aussi les rôles de Tor (celui qui applique la technique) et Uke (celui qui attaque et va subir la technique) sont d'égale importance.

Voici quelques études de situation en tachi waza (techniqu debout). Shomen uchi : attaque de haut en bas avec le tranchant de la main ikyo omote (forme positive).

❶ Uke attaque shomen uchi.

❷ Tori vient en contact simultanément au niveau du coude et de l'avant-bras du partenaire en se décalant légèrement vers l'intérieur.

❸ Tori retourne le bras du partenaire en avançant sa jambe arrière.

❹ Tori amène Uke au sol en saisissant le poignet et effectue une immobilisation en suwari waza (à genoux).

La pratique

L'aïkido se pratique tout en souplesse, selon le principe de non-opposition ; on s'attache à étudier les sens des déplacements, l'amplitude du mouvement et le rythme d'exécution qui seront à moduler selon le partenaire en présence.

Shomen uchi / irimi nage ura (forme négative)

Uke attaque shomen uchi.

Tori s'engage profondément à l'extérieur au plus près du partenaire…

… et exécute tenkan (déplacement en pivot autour du pied avant) en contrôlant le bras et la tête de Uke.

Tori projette Uke qui chute alors en arrière.

Précision

La plupart des techniques sont étudiées sous leur forme « omote » ou « ura » qu'on traduit par positif et négatif. Ce qu'il faut entendre par là : « omote » prend la forme d'une technique qui rentre sur le partenaire sans donner à l'attaque la possibilité de se développer et se déroule sur l'intérieur de celui-ci. « Ura » prolonge l'attaque, la détourne et guide l'action sur l'extérieur du partenaire.

Katate dori / tenchi nage

(attaque en saisie du poignet)

❶ Tori et Uke sont en gyaku hammi (garde opposée).

❷ Tori se déplace à l'extérieur du partenaire côté main saisie et, simultanément, porte la mai libre en direction du visage.

❸ Puis il procède à une extension du bras et engage sa jambe derrière le partenaire tout en maintenant la main saisie dirigée vers le sol.

❹ Uke chute en arrière.

Katate dori / shihoo nage

omote (une forme)

❶ Tori et Uke sont en gyaku hammi (garde opposée).

❷ Le pied avancé (côté saisie) se décale sur l'extérieur et le pied arrière vient se poser à la place de ce dernier, tandis que les hanches pivotent (henka, changement de posture sans déplacement des pieds). En même temps, la main libre vient au contact du poignet de Uke.

❸ Tori avance sa jambe arrière en montant les mains au-dessus de la tête et exécute henka (ici à 180°).

❹ Tori descend les bras en saisissant le poignet de Uke et l'amène au sol.

Aï hammi katate dori (attaque en saisie du poignet opposé) ude kime nage

❶ Tori et Uke sont en position aï hammi (même garde).

❷ Tori s'engage sur l'extérieur du partenaire en simulant un atémi au niveau des côtes.

❸ Tori exécute tenkan en plaçant son bras au niveau de l'aisselle du partenaire.

❹ Uke chute en avant.

Ryote dori (saisie des 2 mains) kokyu hoo

❶ Uke saisit les 2 mains de Tori.

❷ Tori monte les mains devant lui, les épaules relâchées. Uke, dans le souci de garder la saisie de son partenaire (et donc de la contrôler), se trouve alors en déséquilibre.

❸ Tori pivote sur le genou…

❹ … et immobilise Uke après un renversement latéral.

Info plus

En aïkido, on rencontre plusieurs formes d'applications. Nous avons découvert la forme en tachi waza où les 2 partenaires sont debout ; on peut aussi trouver la forme en hammi antachi waza : Uke est debout et Tori à genoux. Ici, pour la combinaison en suwari waza, les 2 partenaires sont à genoux.

La compétition en taekwondo

On distingue 3 modes de compétition. Pour l'initiation, les enfants réalisent 2 coups de pied chacun leur tour sans touche, la notation est faite sur l'expression technique selon des critères définis (qualité, variété, précision, vitesse, attitude...).

Voici un tableau qui donne un aperçu des possibilités offertes par le règlement :

Catégories		Poussins 1 & 2 Pupilles 1 & 2 Benjamins 1 & 2	Minimes 1 & 2	Cadets 1 & 2
Tranches d'âges		6 à 12 ans	12 à 14 ans	14 à 16 ans
Forme de compétition	2 coups de pied dans le vide	X		
	1 coup de pied sauté sur cible	X		
	Coups de pied et de poing au plastron		X	X
	Poumsé			X
Particularités	Masculin/féminin séparés	X	X	X
	Catégories de poids		X	X
	Durée des combats	3 x 30 s	3 x 1 min	3 x 1 min 30
	Aire de combat	5 x 5 m	8 x 8 m	8 x 8 m
Niveaux	Régional	X	X	X
	National	X	X	X

Le combat

Affrontement en 3 rounds de durée variable selon l'âge ; les coups sont réellement portés et sont comptabilisés sur des tableaux électroniques.

Le poumsé

C'est un enchaînement codifié de technique de base noté par 7 juges qui attribuent des points.

Un combat de Pascal Gentil aux Jeux olympique de Sydney, en 2000.

Pascal Gentil : médaille de bronze aux J.O. vainqueur de la coupe du monde, 2 fois champion d'Europe.

Carine Zelmanovitch : championne du monde universitaire, vice-championne du monde, 7 fois championne de France.

Carine Zelmanovitch en démonstration.

L'arbitrage

Deux juges de chaise ont chacun 2 drapeaux (rouge et bleu). À chaque round, ils désignent un vainqueur ou signifient l'égalité en levant les 2 drapeaux croisés. Le 1er appelé revêt une chasuble ou un brassard bleus. Le combat est dirigé par un arbitre central dont la décision servira à départager les combattants en cas d'égalité.

La compétition en nihon taï-jitsu

La compétition consiste à vérifier les connaissances du pratiquant par 3 épreuves notées.

L'atelier technique

Les compétiteurs se présentent par équipes de 2 et chacun son tour effectue une démonstration de mouvements choisis au préalable.

L'atelier randori

Il s'agit d'une démonstration de techniques enchaînées d'une durée d'environ 1 min à 1 min 30, que les compétiteurs préparent en club. La notation s'effectuera sur plusieurs critères : le réalisme, l'efficacité, la variété, l'esthétisme et le contrôle. Pour les enfants de moins de 9 ans, cette épreuve est remplacée par une démonstration de chutes connues (avant, arrière, latérale).

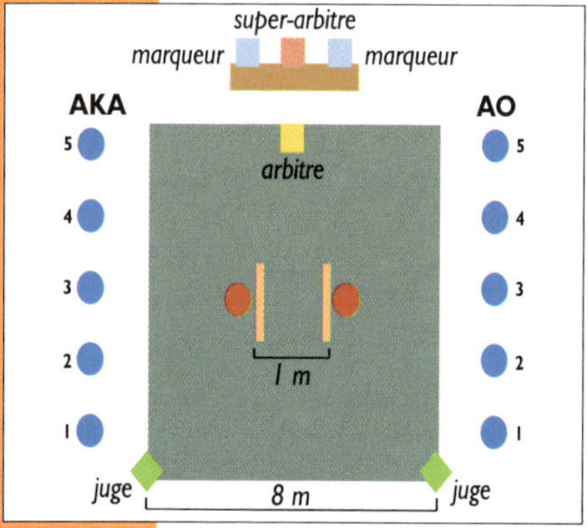

L'atelier kata

Les élèves devront présenter un kata (enchaînement codifié) : soit un kata de base qui s'effectue seul ; soit, à partir de 12 ans, si les compétiteurs le souhaitent, présenter un kata fondamental qui s'exécute avec un partenaire.

Des disciplines où la compétition n'est pas une priorité !

En kung-fu, la difficulté de mettre en place un système de compétition réside dans la multitude de styles et d'enseignements existants. Le souci majeur des dirigeants est avant tout de réaliser une unification des pratiques et, à moyen terme, de fonder une fédération autonome.

Une philosophie

Quant à l'aïkido, il a conservé une perspective de valorisation mutuelle et, par conséquent, ne vise pas à l'affirmation de soi au détriment de l'autre. La glorification d'un vainqueur n'a pas sa place dans la discipline. C'est donc pour des raisons d'ordre philosophique qu'il n'y a pas de compétition en aïkido.

Où peux-tu t'adresser pour en savoir plus sur ces arts martiaux ?

Le kung-fu et le nihon taï-jitsu sont des disciplines affinitaires de la fédération de karaté. Contacte la Fédération française de karaté et A.M.A.
122, rue de la Tombe-Issoire
75014 Paris
tél. : 01 43 95 42 00
fax : 01 45 43 89 84
www.ffkama.fr

Aïkido

Fédération française d'aïkido, aïkibudo & affinitaires
11, rue Jules-Vallès
75011 Paris
tél. : 01 43 48 22 22
fax : 01 43 48 87 91

Taekwondo

Fédération française de taekwondo et D.A
25, rue Saint- Antoine
69003 Lyon
tél. : 04 37 56 14 14
www.fftda.fr

LEXIQUE

Termes coréens

Les commandements

Keu man : arrêter.
Kyeurougui joun bi : position de préparation au combat.
Kyonye : saluez.
Si jak : commencer.
Tcha lyeut : garde-à-vous.

Les niveaux de frappe

Are : niveau bas.
Eulgoul : niveau visage.
Mom tong : niveau moyen.

Divers

Do bok : tenue pour l'entraînement.
Dojang : lieu de la voie.
Makki : défense.
Sogui : position.
Tchagui : coup de pied.
Tuio : sauter.

Les surfaces de frappe

Ap tchouk : bol du pied.
Bal ba dak : Dessous du pied.
Bal deung : dessus du pied.
Duit tchouk : talon.

Les coups de pied

Ap tchagui : coup de pied de face avec le bol du pied.
Ban dal tchagui : coup de pied circulaire à 45° avec le dessus du pied.
Dolyo tchagui : coup de pied circulaire à 180° avec le dessus du pied.
Duit tchagui : coup de pied direct arrière avec le talon.
Fouryo tchagui : coup de pied fouetté avec le talon ou le dessous du pied.
Milo tchagui : coup de pied poussé avec le talon ou le dessous du pied.
Mom dolyo fouryo tchagui : coup de pied circulaire arrière avec le talon ou le dessous du pied.
Nerio tchagui : coup de pied marteau avec le talon ou le dessous du pied.
Yop tchagui : coup de pied de côté avec le talon.

Les blocages

An sonnal are makki : blocage de niveau bas avec le tranchant de la main.
Batangson mom tong makki : blocage de niveau moyen avec la paume de la main.
Eulgoul jileugi : blocage au niveau du visage avec l'avant du bras.

Les attaques de bras

Deung jumok tchigui : attaque avec le dos du poing.
Eulgoul jilegi : coup de poing au niveau du visage .
Palkoup dolyo tchigui : coup de coude circulaire.
Pyon son keut tchireugui : attaque avec la pique des doigts.
Sonal tchigui : Attaque avec le tranchant de la main.

Termes japonais

Ai : amour, harmonie.
Arigatoo gosaimashita : merci.
Bokken : sabre en bois.
Budo : chemin spirituel.
Dan : grades supérieurs.
Do : voie.
Dojo : lieu où l'on étudie la voie.
Gi : costume pour l'entraînement.
Hakama : large pantalon.
Jo : bâton court.
Kamiza : siège des kami, des divinités.
Ki : souffle universel.
Kobukai : école pour l'étude de la voie.
Kyu : grades inférieurs, degrés.
Nihon : véritable.
Onegai shimazu : s'il vous plaît.
Rei : salut.
Seiza : position à genoux.
Tai jitsu : technique de corps.
Tori : celui qui effectue la technique.
Uke : celui qui subit la technique.
Yoi : préparez- vous.

Termes chinois

Chien : épée.
Chu : lance.
Gun : bâton court.
Kung-fu : effort humain.
Kwoon : lieu de la voie.
Tao : forme d'apprentissage.
Yin et yang : principes opposés et complémentaires.

Index

Crédit photo :

I. Deuve : pp. 4-5 ; p. 6 (h), p. 42.

Cat's documentaliste : p. 6 (b).

Roland Hernaez : p. 7 (b).

Dominique Chauvet (éditions Milan) : pp. 8-9 ; pp. 10-11 ; pp. 12-13 ; pp. 14-15 ; pp. 16-17 ; pp. 18-19 ; pp. 20-21 ; pp. 22-23 ; pp. 24-25 ; pp. 26-27 ; pp. 28-29 ; pp. 30-31 ; pp. 32-33 ; pp. 34-35 ; pp. 36-37 ; pp. 38-39, p. 41 (bd) et (bg).

Presse Sport : p. 41 (h) et (mg).

Illustration p. 9 : Michel Diament.

Cet ouvrage a été réalisé en collaboration avec :

Yvan Frezouls professeur de taekwondo
de l'académie des arts martiaux de Toulouse

et les enseignants de Balma Saint-Exupéry (31)

Émilie Labau (kung-fu) Jean-Luc Auriol (aïkido)
Robert Touron (nihon taï-jitsu)

© 2001 Éditions MILAN – 300, rue Léon-Joulin, 31101 Toulouse Cedex 1 France
Droits de traduction et de reproduction réservés pour tous les pays.
Toute reproduction, même partielle, de cet ouvrage est interdite.
Une copie ou reproduction par quelque procédé que ce soit, photographie, microfilm, bande magnétique, disque ou autre, constitue une contrefaçon passible des peines prévues par la loi du 11 mars 1957 sur la protection des droits d'auteur.
Loi 49.956 du 16.07.1949
Dépôt légal : 2e trimestre 2001
ISBN : 2-7459-0292.X
Imprimé en Espagne par Grafman